Grands Événements | numéro **22**

LE PROCÈS DE NUREMBERG
ET LA NOTION DE CRIME CONTRE L'HUMANITÉ

— L'Allemagne nazie
sur le banc des accusés

par Quentin Convard

50MINUTES

Avec la collaboration d'Antoine Baudry

LE PROCÈS DE NUREMBERG

- **Quand ?** Du 20 novembre 1945 au 1er octobre 1946.
- **Où ?** À Nuremberg (Allemagne).
- **Contexte ?** La fin de la Seconde Guerre mondiale (1939-1945).
- **Protagonistes principaux ?**
  - Geoffrey Lawrence, juge britannique (1880-1971).
  - Robert Jackson, juge à la Cour suprême des États-Unis (1892-1954).
  - Hermann Göring, maréchal du IIIe Reich (1893-1946).
  - Albert Speer, ministre de l'Armement du IIIe Reich (1905-1981).
- **Répercussions ?**
  - La création de la Cour pénale internationale de justice.
  - La mise au point des définitions juridiques des notions de crime contre la paix, contre l'humanité et de génocide.

Alors que la Seconde Guerre mondiale fait toujours rage, les nations victimes des agissements d'Adolf Hitler (1889-1945), confrontées à l'horreur, souhaitent que les crimes perpétrés soient reconnus et jugés. Pour la première fois dans l'histoire, un tribunal militaire international est créé. Le procès qui se déroulera à Nuremberg est intenté contre 24 dirigeants nazis et huit organisations, tous accusés de complots, de crimes contre la paix, de crimes de guerre et de crimes contre l'humanité. Entre le 20 novembre 1945 et le 1er octobre 1946, 401 audiences, au cours desquelles 94 témoins sont entendus et des milliers de preuves écrites analysées, viennent lever le voile sur les exactions nazies, permettant aux quatre juges titulaires, représentants des nations alliées (Grande-Bretagne, États-Unis, France et URSS), de rendre un verdict impartial.

Mais le procès de Nuremberg s'inscrit également dans un contexte plus large, celui de la juridiction pénale internationale. Il en constitue la première mise en œuvre et apporte de ce fait une nouvelle réflexion sur la manière de statuer après une guerre, ouvrant la voie à la création d'autres tribunaux internationaux. Le verdict permet également de définir juridiquement les notions de crime contre la paix, de crime contre l'humanité et de crime de génocide. La médiatisation des débats et les espoirs des peuples opprimés par l'Allemagne nazie font de ce procès un tournant majeur dans l'histoire juridique du XXᵉ siècle.

CONTEXTE

COMMENT JUGER LA GUERRE ?

Depuis la seconde moitié du XIXe siècle, l'armement se perfectionne toujours davantage et l'armée de métier cohabite progressivement avec celle de conscription, rendant de plus en plus difficile la distinction entre le combattant et le civil. Afin de mieux réglementer la guerre et limiter les abus, le droit international tente de légiférer par des traités qui viennent rythmer l'histoire pénale de cette époque. La déclaration de Paris de 1856, réglementant le combat et le droit maritime, ainsi que la convention de Genève de 1864, visant à améliorer le sort des blessés sur les champs de bataille, vont dans ce sens. À celles-ci s'ajoutent deux textes fondamentaux : les conventions de La Haye de 1899 et de 1907 qui définissent les droits et les coutumes de la guerre sur terre, tout en insistant sur le désarmement et la prévention du conflit.

Mais la Première Guerre mondiale (1914-1948) et le recours au gaz asphyxiant, à la déportation des populations civiles et à la guerre sous-marine font voler en éclats toutes ces réglementations. Si aucun procès n'est intenté à la fin du conflit, une réflexion émerge toutefois pour déterminer les responsabilités de chaque nation. Le traité de Versailles de 1919 pointe du doigt Guillaume II (roi de Prusse et empereur d'Allemagne, 1859-1941), considéré comme étant responsable du déclenchement des hostilités suite à la violation de la neutralité de la Belgique et du Luxembourg. Le Premier ministre anglais, David Lloyd George (1863-1945), va même jusqu'à réclamer la pendaison du souverain germanique. Une demande d'extradition est d'ailleurs introduite auprès de la Hollande afin que celle-ci livre l'empereur pour qu'il puisse être jugé. En outre, un article du traité de Versailles oblige le Gouvernement allemand à livrer aux puissances alliées les personnes accusées d'avoir violé les règles de la guerre. Mais la Hollande refuse, et la requête du traité de Versailles n'aboutit pas. Cependant, le Tribunal du Reich, la plus haute instance juridique de l'Empire allemand, reçoit l'autorisation de juger les criminels de guerre. S'ouvrent alors les procès de Leipzig, qui occupent le tribunal de 1921 à 1922. Sur les 16 poursuites menées, une seule aboutit à une condamnation, celle du lieutenant Ludwig Dithmar, responsable du torpillage d'un navire hospitalier anglais, qui écope de quatre ans de prison. Mais face aux horreurs commises durant le conflit, les jugements sont perçus comme une gigantesque farce par les nations alliées.

LA CONDAMNATION DES CRIMES DE LA SECONDE GUERRE MONDIALE

Pendant la période de l'entre-deux-guerres, différents traités sur le sujet sont approuvés, parmi lesquels on trouve l'idée de punir non plus seulement les États, mais également les personnes physiques agissant au cœur de ces États. Le procès de Nuremberg constitue d'ailleurs la première tentative d'une réponse internationale aux crimes commis par les hauts responsables nazis lors de la Seconde Guerre mondiale.

Pendant toute la durée des combats, les dirigeants des puissances alliées défendent l'idée que les responsables de la guerre devront être jugés à la fin du conflit. Dès le 17 avril 1940, les gouvernements français, anglais et polonais condamnent publiquement les atrocités commises envers les Juifs en Pologne. Un an plus tard, le président américain Franklin Roosevelt (1882-1945) dénonce à son tour les crimes immoraux des chefs nazis, accusation soutenue également par le Premier ministre britannique Winston Churchill (1874-1965) qui souhaite lui aussi que les exactions nazies soient châtiées.

Poursuivant cette idée, la déclaration de Saint-James posant les bases d'une juridiction internationale est acceptée le 13 janvier 1942 par les représentants des gouvernements en place et par ceux des pays occupés dont les gouvernements sont en exil à Londres. À la signature de ce texte, le général Charles de Gaulle (1890-1970) affirme sa volonté de sanctionner les coupables et de ne pas reproduire les erreurs du traité de Versailles.

Le 30 octobre 1943, la déclaration de Moscou, signée par la Grande-Bretagne, les États-Unis et l'URSS, établit la juridiction sous laquelle devront être jugées les personnes ayant commis des crimes durant la guerre : si les abus ont été perpétrés dans un seul pays, elles seront jugées dans celui-ci ; si en revanche les actes ont eu lieu dans plusieurs territoires, elles seront condamnées par une décision commune des Alliés. Elle ne dit toutefois rien sur la manière de statuer, alors que les avis divergent sur ce point. Lors de la conférence de Téhéran (1943), Franklin Roosevelt et Winston Churchill souhaitent que les accusés soient exécutés sans comparaître devant un tribunal, mais Joseph Staline (homme d'État soviétique, 1878-1953) refuse la proposition. Avec l'arrivée au pouvoir du président Harry S. Truman (1884-1972), les positions américaines évoluent vers l'idée d'un procès international auquel de Gaulle se montre favorable. Le concept fait son chemin et, lors de l'armistice, il est accepté de tous.

LA PRÉPARATION DU PROCÈS

Harry S. Truman charge aussitôt le juge de la Cour suprême, Robert Jackson, de préparer le procès. Celui-ci se rend à Londres le 20 juin 1945 pour discuter de son organisation avec les Britanniques. Les Américains désirent axer l'audience autour de l'accusation de complot nazi et de crimes contre la paix, afin de condamner ceux qui ont décidé, préparé et organisé la guerre. Ils veulent également réaliser le procès du système nazi au travers des organisations ayant participé à son fonctionnement, mais ils ne savent pas encore si un seul grand procès suffira. Les Anglais, quant à eux, souhaitent surtout que le jugement soit rapide. Les deux nations trouvent un terrain d'entente et les Britanniques avancent les premiers noms des accusés.

Les 24 et 25 juin, les délégations françaises et soviétiques arrivent à leur tour à Londres. Leurs pays ayant été le théâtre des affrontements, elles rejettent la notion centrale de crimes contre la paix, préférant le concept de crimes de guerre. En effet, selon elles, ce n'est pas tant le fait d'avoir déclaré la guerre qui pose problème, mais plutôt les moyens utilisés tout au long du conflit. Après de nombreuses négociations, les quatre nations trouvent un compromis. Le 8 août 1945, l'accord quadripartite de Londres, définissant le statut et les règles de fonctionnement du tribunal, est signé et le Tribunal militaire international de Nuremberg est créé. Les nations alliées représentent toutes d'autres États qui ont eux-mêmes accepté les accords de Londres. Ainsi, la France représente la Belgique, le Luxembourg, les Pays-Bas et la Norvège.

Les chefs d'accusation sont définis dans l'accord établi à Londres. À l'origine, ils sont au nombre de trois : crimes contre la paix, crimes de guerre et crimes contre l'humanité – cette dernière notion visant surtout à punir l'organisation de la déportation et du massacre systématique de populations désarmées. Mais ces trois types de crimes ne couvrent pas la totalité des exactions nazies, et certains accusés risquent par conséquent de passer entre les mailles du filet. Dès lors, un quatrième chef d'accusation est ajouté – et devient même central –, celui relatif à l'idée de complot.

Issu du droit britannique, le concept de *conspiracy* (« complot ») est étranger aux hommes de loi français et soviétiques. Un véritable lobbying de la part des Américains et des Britanniques est donc nécessaire pour que ce chef d'accusation apparaisse dans le procès. Cette notion découle de l'idée qu'une infraction, ayant été préméditée et conçue par plusieurs personnes en secret, constitue un crime.

LA LISTE DES ACCUSÉS

La composition définitive de la liste des accusés ne se fait pas en un jour. Les délégations britanniques et américaines s'arrêtent tout d'abord sur dix personnes ayant occupé de hautes responsabilités au sein du régime nazi. Les Britanniques en ajoutent encore sept, dont Adolf Hitler, qui n'a pas encore été déclaré officiellement mort. Son nom est toutefois rayé le 18 octobre 1945, jour de l'ouverture du procès, alors que les quatre nations s'accordent sur la liste finale. En tout, 24 dirigeants nazis seront jugés :

- Hermann Göring, maréchal du Reich (1893-1946) ;
- Rudolf Hess, secrétaire particulier du Führer et chef de la chancellerie du NSDAP (1894-1987) ;
- Joachim von Ribbentrop, ministre des Affaires étrangères du IIIe Reich (1893-1946) ;
- Robert Ley, dirigeant du Front allemand du travail (1890-1945) ;
- Wilhelm Keitel, chef du commandement suprême de la *Wehrmacht* (1882-1946) ;
- Julius Streicher, directeur du journal antisémite *Der Stürmer* (1885-1946) ;
- Ernst Kaltenbrunner, général SS (1903-1946) ;
- Alfred Rosenberg, théoricien du racisme nazi et chef des Affaires étrangères du parti nazi (1893-1946) ;
- Hans Frank, gouverneur de la Pologne en 1939 (1900-1946) ;
- Wilhelm Frick, ministre de l'Intérieur du IIIe Reich (1877-1946) ;
- Hjalmar Schacht, ministre de l'Économie du IIIe Reich (1877-1970) ;
- Arthur Seyss-Inquart, commissaire du Reich aux Pays-Bas et général de division SS (1892-1946) ;

- Karl Dönitz, amiral allemand désigné par Hitler comme son successeur (1891-1980) ;
- Walther Funk, ministre de l'Économie du IIIe Reich après Schacht (1890-1960) ;
- Albert Speer, ministre de l'Armement du IIIe Reich (1905-1980) ;
- Baldur von Schirach, chef des Jeunesses hitlériennes (1907-1974) ;
- Fritz Sauckel, responsable nazi qui s'est notamment occupé des déportations des travailleurs des pays occupés (1894-1946) ;
- Alfred Jodl, directeur du Bureau des opérations des forces armées allemandes (1890-1946) ;
- Franz von Papen, vice-chancelier d'Hitler (1879-1969) ;
- Konstantin von Neurath, général SS (1873-1956) ;
- Erich Raeder, commandant de la *Kriegsmarine* (1876-1960) ;
- Martin Bormann, général des SS et conseiller d'Hitler (1900-1945) ;
- Hans Fritzsche, journaliste responsable des nouvelles au ministère de la Propagande (1900-1953) ;
- Gustav Krupp von Bohlen und Halbach, industriel allemand (1870-1950).

Mais, alors que s'ouvre le procès, trois d'entre eux ne se trouvent pas sur le banc des accusés : Gustav Krupp est déclaré inapte à être jugé en raison de son état de santé, Martin Bormann est introuvable – sans doute est-il décédé après la bataille de Berlin en mai 1945 –, tandis que Robert Ley a été retrouvé pendu dans sa cellule un mois auparavant.

À ces personnes physiques s'ajoutent, pour la première fois, des organisations du régime nazi qui seront elles aussi jugées. Suite à la découverte des camps d'extermination, huit organisations sont ciblées : le cabinet du Reich, le Parti national-socialiste des travailleurs allemands (NSDAP), la SS (*Schutzstaffel*, « escadron de protection »), la Gestapo (*Geheime Staatspolizei*, « police secrète d'État »), le SD (*Sicherheitsdienst*, « service de sécurité »), la SA (*Sturmabteilung*, « section d'assaut »), l'État-Major général et le Haut Commandement des forces armées allemandes.

Après avoir défini les chefs d'accusation et la liste des accusés, les nations alliées doivent encore trouver un endroit capable d'accueillir le procès, les accusés, les différentes délégations et les nombreux journalistes désireux de relayer cet événement unique. Le choix se porte sur la ville de Nuremberg, alors en zone d'occupation américaine, pour deux raisons :

- la première est symbolique. Cette ville, qui voit se réunir chaque année le NSDAP, est la capitale idéologique du IIIe Reich ;
- la seconde est d'ordre pratique. Au sortir de la guerre, l'Allemagne est un véritable champ de ruines, mais la ville de Nuremberg, bien que bombardée par les Alliés en 1945, a pu conserver certains bâtiments intacts, dont les infrastructures nécessaires à l'organisation et au déroulement du procès. Le palais de justice est en effet encore utilisable et présente la particularité d'être directement relié par un tunnel sous-terrain à la prison, ce qui renforce la sécurité.

ACTEURS PRINCIPAUX

GEOFFREY LAWRENCE, JUGE BRITANNIQUE

Originaire de Builth Wells, au pays de Galles, Geoffrey Lawrence naît le 2 décembre 1880 dans une famille de la noblesse britannique. Il fait ses études au collège impérial de Haileybury, où il se lie d'amitié avec Clement Attlee (1883-1967), le futur Premier ministre, avant de rejoindre Oxford.

Une fois ses études terminées, il exerce dans un cabinet d'avocats spécialisé dans les affaires d'appel devant les hautes institutions juridiques anglaises, jusqu'à ce que la Première Guerre mondiale éclate. Au cours de celle-ci, il s'illustre au sein du régiment royal d'artillerie et est même décoré de l'ordre du Service distingué. Ensuite, à la fin du conflit, Lawrence poursuit sa carrière de juriste et se spécialise dans les affaires d'appel portées devant le Conseil privé, organe consultatif censé conseiller le souverain sur les affaires de Grande-Bretagne. En 1927, il entre au Conseil privé et devient procureur général du prince Edward d'York (1894-1972) jusqu'en 1944, année au cours de laquelle il est nommé juge à la Cour d'appel d'Angleterre.

Fort d'une longue expérience juridique, il est choisi par ses pairs pour prendre la tête de la délégation britannique au procès du Nuremberg et est même désigné par la suite président du tribunal. En le choisissant, ses homologues veulent rendre hommage au courage dont a fait preuve la Grande-Bretagne durant le conflit. Une fois le procès terminé, il est nommé lord judiciaire, c'est-à-dire juge à la Chambre des lords, et entre dans le comité du Conseil privé, où il restera jusqu'à sa retraite en 1957. Il reçoit le titre de baron Oaksey en 1947 et hérite du titre de son frère aîné, baron de Trevethin, une dizaine d'années plus tard. Au moment de sa retraite, il se retire dans son domaine du Wiltshire pour s'adonner à sa passion, l'élevage de chevaux, et décède le 28 août 1971 à l'âge de 91 ans.

ROBERT JACKSON, JUGE À LA COUR SUPRÊME

Né le 13 février 1892 en Pennsylvanie, Robert Jackson grandit dans l'État de New York et se destine très tôt à une carrière de juriste. À 18 ans, il entre comme apprenti dans un cabinet d'avocats de Jamestown (Virginie). Il fonde son propre cabinet dans cette même ville après avoir été diplômé de l'école de loi d'Albany et y officie pendant une vingtaine d'années. Proche du président Franklin Roosevelt, Robert Jackson entre à son service dès 1934 et occupe différents postes jusqu'en 1940, année pendant laquelle il est nommé procureur général des États-Unis. Un an plus tard, il devient juge à la Cour suprême, un poste qu'il occupe jusqu'à sa mort.

Doté d'une plume et d'une verve impressionnantes, Robert Jackson rédige en 1943 l'arrêt Barnette, un texte stipulant que les enfants ne sont plus obligés de réciter le serment d'allégeance dans leurs écoles. Un an plus tard, il est à nouveau au cœur d'un arrêt histo-rique survenu dans l'affaire *Korematsu vs. United States*, qui conteste la légalité de l'internement des Américains d'origine japonaise sur la côte Ouest pendant la Seconde Guerre mondiale.

Au vu de sa brillante carrière de juriste, il est choisi par le président Harry S. Truman pour préparer le procès de Nuremberg et en devient le procureur général. À la fin du procès, Robert Jackson poursuit sa carrière de juge à la Cour suprême et décède le 9 octobre 1954 à l'âge de 62 ans.

HERMANN GÖRING, MARÉCHAL DU IIIᵉ REICH

Né en 1893, Hermman Göring est envoyé en 1908 à l'École des cadets de Karlsruhe. Alors que les premières années de sa scolarité étaient assez médiocres, l'ancien cancre quitte cette institution avec d'excellentes notes et accède à l'école militaire de Berlin. Il en sort en 1911 avec le grade de sous-officier, s'apprêtant à suivre la même carrière militaire que son père.

Lors de la Première Guerre mondiale, il se distingue particulièrement au sein de l'aviation, ce qui lui vaut d'être décoré de la médaille Pour le mérite en 1918. Si ses débuts étaient assez prometteurs, un sulfureux discours dans lequel il accuse le Gouvernement allemand l'exclut de toutes les hautes responsabilités. Il devient alors pilote de ligne pour différentes compagnies commerciales et milite au sein de plusieurs groupuscules nationalistes. C'est en 1922 qu'il rencontre Adolf Hitler, avec lequel il s'entretient, et qu'il devient l'un de ses plus proches collaborateurs après avoir été nommé commandant des SA.

Suite au putsch manqué de Munich du 8 novembre 1923, Göring est touché de deux balles à l'aine. Alors qu'il est soigné pour ses blessures, il prend goût à la morphine et en devient rapidement dépendant. Il quitte ensuite l'Allemagne pour l'Autriche en raison d'un mandat d'arrêt contre sa personne et séjourne dans le pays natal de sa femme, la Suède, pendant quatre ans. Lors de cet exil, son état mental se détériore, tout comme sa santé.

Amnistié, il revient en Allemagne où il est élu député de Bavière en 1928. Il s'agit du premier jalon d'une éclatante carrière politique. En 1932, suite à l'écrasante victoire du parti national-socialiste, Göring est choisi comme président du Reichstag (chambre législative). En 1933, il devient ministre de l'Intérieur et de l'Air avant d'être chargé du plan économique de la guerre en 1936. Son rôle dans les persécutions juives et la mise en place de camps de concentration est majeur.

Lorsque la guerre éclate, Göring jouit d'un fort capital de sympathie auprès de l'opinion publique allemande. Mais, en tant que chef de la *Luftwaffe* (armée de l'air allemande) et proche conseiller d'Hitler, il cumule les échecs et les fanfaronnades, énervant au plus haut point son chef qui se garde cependant de le critiquer en public. L'aviateur finit par tomber en disgrâce et est victime des intrigues rythmant la vie du IIIe Reich. Ses ennemis jurés, au premier rang desquels se trouve Martin Bormann, ont raison de lui : il est placé en résidence surveillée à la fin du conflit et est condamné à mort par le Führer qui le graciera toutefois pour services rendus. Il se rend alors aux Américains et s'assoit sur le banc des accusés lors du procès de Nuremberg. Jugé coupable, il est condamné à mort en 1946.

ALBERT SPEER, MINISTRE DE L'ARMEMENT DU IIIe REICH

Né en 1905 et issu d'une famille aisée, le jeune et sportif Albert Speer embrasse la même carrière que son père et son grand-père, tous deux architectes. Fraîchement diplômé, il devient l'assistant du réputé Heinrich Tessenow (1876-1950), et se marie à Margarete Weber (1905-1987) en 1927. Peu sensible à la politique, il est pourtant électrisé par la personne d'Adolf Hitler lors d'un défilé et rejoint le parti nazi en 1931. Après avoir réalisé différentes tâches au sein de l'organisation, il est choisi par Joseph Paul Goebbels (1897-1945) pour rénover les locaux du parti à Berlin. Lorsqu'Hitler devient chancelier en 1933, Speer est à nouveau appelé par Goebbels pour rénover le ministère de la Propagande.

La même année, il rencontre pour la première fois le Führer lors de la préparation du congrès de Nuremberg, le rassemblement général du NSDAP. Par la suite, le chancelier s'intéresse régulièrement aux travaux du jeune architecte et le fait entrer dans son cercle dès 1934, en le catapultant à la tête du Bureau central de la construction. Il est chargé, dans les années trente, de plusieurs réalisations aux dimensions impressionnantes, notamment le Reichsparteitagsgelände, où se tient chaque année le congrès de Nuremberg, et le pavillon allemand de l'exposition universelle de 1937. Il participe aussi à la construction du stade olympique de Berlin. Mais sa principale réalisation est la nouvelle chancellerie du Reich, bombardée et détruite par les forces alliées à la fin de la guerre. Il réalise également un plan pharaonique afin de reconstruire Berlin. Tout au long de ces années, Speer noue une solide amitié avec Hitler, ce qui le pousse à affirmer lors du procès de Nuremberg que, « si Hitler avait eu quelque ami que ce soit, [il aurait] certainement été l'un de ses amis les plus proches » (FEST (Joachim), *Speer. The Final Verdict*, Boston, Harcourt, 1999).

En 1942, suite à la mort de Fritz Todt (1891-1942), Speer devient ministre de l'Armement, une fonction qu'il accepte avec réticence et qui rend Göring jaloux. En dehors de ses prérogatives ministérielles, il doit frayer avec Goebbels, Bormann et le ministre de l'Intérieur Heinrich Himmler (1900-1945) qui, tous, rêvent de prendre sa place. Lorsque le Reich est en déliquescence, Speer prend ses distances avec Hitler et lui désobéit en refusant de pratiquer la politique de la terre brûlée dans les zones occupées en Allemagne. Réfugié à Hambourg, il est arrêté par les Américains le 15 mai et coopère avec la puissance outre-Atlantique.

Après le procès de Nuremberg, Speer purge sa condamnation dans la prison de Spandau jusqu'en octobre 1966. Il passe ensuite la fin de sa vie à rédiger des livres sur le IIIe Reich, qui constituent l'un des plus riches témoignages sur cette période. Il meurt en 1981 à l'âge de 76 ans.

LE PROCÈS DE NUREMBERG

L'OUVERTURE DU PROCÈS

Si la séance inaugurale se déroule à Berlin le 18 octobre 1945, la véritable ouverture du procès a lieu le 20 novembre 1945 à Nuremberg, et est marquée par la lecture de l'acte d'accusation par les procureurs de chaque nation alliée durant près de cinq heures.

Photo représentant les accusés dans leur box. Au premier rang, de gauche à droite, se trouvent Hermann Göring, Rudolf Hess, Joachim von Ribbentrop et Wilhelm Keitel. Au second rang, dans le même ordre, Karl Dönitz, Erich Raeder, Baldur von Schirach et Fritz Sauckel.

Le lendemain, les accusés doivent déclarer s'ils plaident coupables ou non. Tous choisissent la seconde option. Hermann Göring, l'un des plus hauts dignitaires du IIIe Reich, est le premier à être interrogé. Alors qu'il tente de faire une déclaration, il est vite rappelé à l'ordre par le président Lawrence qui, dès le premier jour, assoit son autorité. Le procureur général Jackson lit ensuite la déclaration d'ouverture dans laquelle, à travers un choix d'arguments fins et bien construits, il expose le point de vue de l'accusation et explique la raison d'être du procès en allant au-devant des critiques qui pourraient être formulées contre celui-ci.

LE DÉROULEMENT DES AUDIENCES

À la demande du tribunal, l'accusation et la défense apportent ensuite leurs preuves et présentent leurs témoins. Les pièces à conviction sont essentiellement écrites, issues pour la plupart des archives officielles du IIIe Reich, et ont été découvertes par les Américains. Au total, ce sont 5 000 documents et 7 000 ouvrages de littérature nazie qui sont analysés. Une des sources centrales du procès est le journal d'Hans Frank (1900-1946), le gouverneur du parti nazi, surnommé le « bourreau de Pologne » suite au rôle qu'il a joué dans l'extermination des Juifs du pays. La preuve écrite est capitale puisqu'à elle seule elle suffirait à condamner les accusés.

94 témoins se succèdent à la barre, en dix mois, non seulement pour corroborer les faits écrits, mais aussi pour donner au procès un

retentissement universel et personnifier les crimes nazis. Les témoins de l'accusation, puis de la défense, sont interrogés tour à tour, et les juges ont la possibilité de prendre la parole à tout moment pour poser l'une ou l'autre question. Seule l'intervention de Friedrich Paulus (maréchal allemand, 1890-1957), le 11 février 1946, apporte un propos nouveau dans les longues délibérations. Cet ancien militaire vient témoigner en faveur des Soviétiques au sujet de l'extermination des prisonniers russes par les troupes allemandes, faisant se lever Göring et d'autres inculpés qui hurlent dans le tribunal, jugeant hypocrite la prise de position de Paulus. Ce dernier, déjà critique vis-à-vis du nazisme pendant la guerre et respectueux de la convention de Genève, est devenu un instrument de la propagande soviétique suite à sa capture par les Russes lors de la bataille de Stalingrad (1942-1943). Les accusés le considèrent dès lors comme un traître passé à l'ennemi.

Si l'accusation n'appelle à la barre que quelques victimes des camps de concentration, la défense n'hésite pas à recourir à de très nombreux témoignages, ce qui donne lieu à des scènes fortes, comme lorsque Rudolf Dies (1900-1957), dirigeant de la Gestapo entre 1933 et 1934 et protégé de Göring, est convoqué pour défendre ce dernier concernant l'épisode de la Nuit des longs couteaux.

LA NUIT DES LONGS COUTEAUX

Entre le 29 juin et le 2 juillet 1934, Hitler fait éliminer les chefs de la *Sturmabteilung* (SA) d'Ernst Röhm (1887-1934), surnommés les chemises brunes. Ces derniers, qui terrorisaient l'Allemagne depuis 1926 et qui ont contribué à l'accession au pouvoir d'Hitler, étaient depuis peu perçus par ce dernier comme une organisation prenant trop d'importance. La purge principale a lieu dans la nuit du 29 au 30 juin 1934 et permet au chancelier de rallier à sa cause les milieux conservateurs et l'armée. La population, quant à elle, n'a d'autre choix que d'accepter l'événement.

Le Tribunal militaire international respectant en grande partie le droit anglo-saxon, les accusés ont l'occasion de témoigner à leur propre procès. Ainsi, après quatre mois de délibération, Göring est le premier à être entendu. Il s'agit là de l'un des moments forts de l'événement. Tout en répondant aux questions de son avocat, Göring charme l'auditoire et se moque du procureur Robert Jackson qui a du mal à cacher son énervement, provoquant les rires de l'assistance. Après une cure d'amaigrissement forcée et sevré de sa morphino-manie, le maréchal du IIIe Reich parle comme un homme qui se sait condamné et qui ne cache rien de ses actions. Il parvient à séduire le public, remporte le duel face au procureur américain et renforce le courage des autres accusés. Il termine sa déposition par une dia-tribe de six heures dans laquelle il réaffirme son appartenance à l'idéologie nationale-socialiste.

Göring au procès.

Une autre déposition marquante est celle d'Albert Speer. Architecte du IIIe Reich ainsi que ministre des Armements et de la Production de guerre, ce dernier surprend l'auditoire en assumant ses responsabilités, alors que ses condisciples, galvanisés par l'intervention de Göring, choisissent une ligne de défense bravache sans remettre en doute le régime nazi ni les actions d'Adolf Hitler. L'architecte, qui a, au moment des faits, tenté d'adoucir les conditions des travailleurs du Service de travail obligatoire et tenu tête à Hitler au sujet de l'issue de la guerre en refusant de pratiquer la politique de la terre brûlée, gagne la clémence du tribunal en faisant son autocritique.

DES RÉVÉLATIONS EN CASCADE

Au travers des chefs d'accusation, le procès de Nuremberg fait la lumière sur les déportations des populations, le pillage économique, les crimes, la guerre en mer et le génocide juif. La folie manipulatrice des chefs nazis, tout comme le complot mené pour légitimer l'attaque de la Pologne, est révélée au monde entier.

L'OPÉRATION « HIMMLER »

Afin de légitimer l'attaque contre la Pologne, Hitler décide, avec le chef de la Gestapo Heinrich Müller (1900-1945) et en suivant le plan réalisé par son homme de confiance, Himmler, de pratiquer sur une douzaine de prisonniers allemands une injection létale, de les cribler de balles et de les déguiser en soldats polonais pour ensuite les disséminer autour de la station de radio de Gliwice, dans une mise en scène destinée à faire croire au monde entier que les Polonais ont été les premiers à attaquer les Allemands le 31 août 1939. Connu sous le nom d'opération « Himmler », ce complot permet au Führer de justifier le déploiement de ses troupes en Pologne le 1er septembre 1939.

L'une des questions centrales du procès de Nuremberg est celle du génocide juif. Le ministère public, représentant l'accusation à travers les différents procureurs des nations alliées, appelle quelques témoins à charge, afin d'expliquer le processus d'extermination de la population juive. Le directeur du camp d'Auschwitz-Birkenau, Rudolf Höss (1900-1947), l'ancien chef de l'*Einsatzgruppe D* (police politique militarisée du IIIe Reich), Otto Ohlendorf (1907-1951), et l'ancien membre des SS, Dieter Wisliceny (1912-1948), se succèdent à la barre et apprennent aux juges les méthodes employées par les nazis pour éradiquer une population. Un documentaire montrant la découverte des camps d'extermination par les Alliés est également projeté, provoquant diverses réactions chez les accusés. Si Hans Frank fond en larmes, Göring, lui, tente de se défendre en évoquant le *Führerstaat*, l'idée selon laquelle l'État est dirigé par un chef unique qui est le seul responsable puisque chacun se doit de lui obéir aveuglement. Mais le procureur adjoint français, Edgar Faure (1908-1988), réduit à néant la défense de Göring.

LES ZONES D'OMBRE SOVIÉTIQUES

Certains événements commentés lors du procès provoquent un malaise dans le camp soviétique. Si l'URSS a payé le prix fort lors du conflit, sa présence aux côtés des vainqueurs n'est pas sujette à polémique, mais elle n'est pas non plus exempte de tous reproches. En effet, deux points viennent principalement jeter le doute sur certaines actions soviétiques au sujet desquelles le procès de Nuremberg ne parvient pas à lever totalement le voile : le pacte secret germano-soviétique et le massacre de Katyn (village russe).

Pour le premier, personne n'ignore l'existence du pacte de non-agression qui liait l'Allemagne hitlérienne et l'URSS, signé en 1939. Mais le procès révèle un autre accord, secret celui-ci, passé entre les deux nations, qui prévoyait un partage des territoires entre les deux signataires une fois le conflit et l'annexion terminés. Le procureur soviétique, Roman Rudenko (1907-1981), tente de s'opposer par tous les moyens à ces révélations afin qu'elles ne deviennent pas publiques, mais le tribunal tient à connaître la vérité sur cette affaire peu reluisante pour les Soviétiques. Si l'accord est désormais dévoilé, l'URSS n'est cependant pas inquiétée juridiquement.

Évoqué dans l'acte d'accusation, le massacre de Katyn est un sujet encore plus épineux qui n'apparaîtra finalement pas dans le jugement. La question centrale, débattue au cours du procès, porte sur la date à laquelle les atrocités contre les Polonais ont été perpétrées. Si les Allemands déclarent que le massacre a été commis au printemps 1940 par les troupes soviétiques, le second procureur soviétique, Pokrovsky, avance que les faits remontent à l'automne 1941, lorsque la forêt de Katyn était sous le joug germanique. La défense comme l'accusation présentent trois témoins qui ne cessent de se contredire. Après deux jours de débats mouvementés, le tribunal est incapable de démêler le faux du vrai.

LES DÉLIBÉRATIONS

Le 31 août 1946, après neuf mois de procès, les accusés ont l'occasion de faire une dernière déclaration retransmise à la radio avant l'énoncé du verdict qui aura lieu le 1er octobre. Pour que ce dernier soit rendu, il faut d'abord que les juges délibèrent. Si tous peuvent émettre leur avis, seuls les juges titulaires ont le droit de voter les peines et, afin qu'une décision soit prise, il faut obtenir la majorité des voix. En cas d'égalité, il revient au juge président Lawrence de départager. Si le principe paraît simple, la délibération sur le sort de certains accusés donne lieu à de longues tractations. C'est le cas, par exemple, pour Rudolf Hess, le secrétaire particulier d'Hitler et représentant officiel du parti nazi. Alors que les juges anglo-saxons désirent le condamner à la prison à vie, le juge français réclame 20 ans de réclusion, tandis que le juge soviétique vote pour la peine de mort. Il écopera finalement d'une peine de détention perpétuelle. Le cas du financier Hjalmar Schacht suscite lui aussi de longues discussions. Lawrence est pour l'acquittement alors que le juge soviétique désire la peine de mort. Du côté français, on demande cinq ans de prison tandis que les États-Unis réclament la prison à vie. En définitive, l'économiste sera acquitté.

Une autre problématique se pose lors des délibérations, par rapport à l'exécution des accusés. Il faut en effet déterminer la façon dont seront exécutés les condamnés à mort et, là aussi, les avis divergent. L'URSS se montre favorable à la fusillade, également appelée la « mort du soldat », au lieu de la mort humiliante par pendaison désirée par Lawrence et le juge des États-Unis. La France, quant à elle, propose de délibérer au cas par cas. Si sa proposition est retenue par les autres juges, dans les faits, les condamnés à mort seront tous pendus.

L'HEURE DU VERDICT

La veille de l'énoncé du verdict, le 30 septembre 1946, le procureur général Jackson lit son jugement et présente ses réquisitions finales. Les crimes du régime nazi et des accusés sont ainsi passés en revue. Le matin du 1er octobre, le président Lawrence prend à son tour la parole et les décisions individuelles tombent les unes à la suite des autres. À la surprise générale, trois des accusés sont acquittés. Il s'agit du journaliste Hans Fritzsche, du diplomate Franz von Papen et du ministre de l'Économie Hjalmar Schacht. Le premier, proche de Joseph Goebbels, est reconnu comme anti-sémite mais il n'a jamais poussé à l'extermination ni même à la persécution du peuple juif. Le deuxième, ambassadeur en Turquie pendant la guerre, et le troisième, emprisonné à Dachau depuis l'attentat manqué de 1944 contre le Führer, sont qualifiés de lâches, mais ne peuvent être accusés par le tribunal des crimes reprochés aux autres détenus.

Après le déjeuner, la séance reprend et les 19 hommes reconnus coupables défilent à tour de rôle sur le banc des accusés pour entendre la sentence : 12 condamnations à mort et sept peines de prison. Sur les 24 accusés, il ne faut pas oublier que Martin Bormann, que l'on croit en fuite, a été condamné à mort par contumace (condamnation proclamée en l'absence de l'accusé), que Gustav Krupp, trop malade, est déclaré inapte à être jugé et que Robert Ley s'est suicidé avant le procès. Les réactions aux sentences varient en fonction des condamnés et certains parmi eux déposent des recours en grâce pour des raisons diverses. Alfred Jodl, chef de l'état-major de l'armée du IIIe Reich, et Wilhelm Keitel, chef du commandement suprême des forces armées allemandes, réclament le droit d'être fusillés. Erich Raeder, commandant en chef de la marine, préfère être condamné à mort plutôt que de purger une peine de prison à vie. L'avocat de Göring, quant à lui, cherche à transformer la peine de mort de son client en une peine de prison à vie sans que celui-ci ne le lui ait demandé. Les accu-sés ont quatre jours pour déposer leurs recours, mais aucun n'est accepté. Les 15 et 16 octobre 1946, les condamnés à mort sont exécutés par pendaison, sauf Göring qui se suicide en avalant une capsule de cyanure la nuit précédente.

En ce qui concerne les organisations, quatre d'entre elles sont condamnées et déclarées criminelles : le NSDAP, la SS, le SD et la Gestapo. L'idée que les membres de ces associations soient condamnés en même temps que celles-ci par souci de rapidité est abandonnée. Il faudra alors tenter de déterminer s'ils connaissaient les objectifs des organisations auxquelles ils étaient affiliés et si leur adhésion était volontaire. Si la SA et le cabinet du Reich ne sont pas inquiétés par l'accusation collective, cela n'empêche pas les membres de ces groupes d'être condamnés par la suite dans les procès de dénazifications.

LE SORT DES ACQUITTÉS ET DES PRISONNIERS

Les trois acquittés ne sont pas libres pour autant et doivent comparaître devant un tribunal de dénazification en Allemagne de l'Ouest. Ainsi, Franz von Papen est condamné à huit ans de travaux forcés. Relaxé en appel en 1949, il tente un retour raté sur la scène politique, puis termine ses jours en écrivant de nombreux ouvrages dans lesquels il entreprend de s'expliquer. Hjalmar Schacht est lui aussi condamné à la même peine, mais il est libéré en 1950. Il fonde alors une banque et intervient comme conseiller auprès de groupes politiques jusqu'à sa mort en 1970. Hans Fritzsche purge quant à lui une peine de neuf ans de travaux forcés avant d'être également relâché en 1950 suite à son état de santé. Il décède trois ans plus tard.

Les détenus jugés coupables au procès de Nuremberg sont transférés neuf mois plus tard à la prison de Spandau (Berlin-Ouest), sous la garde des grandes puissances, et connaissent des sorts différents :

- Konstantin von Neurath, Walter Funk et Erich Raeder sont libérés pour raison de santé dans les années cinquante, et décèdent tous peu de temps après ;
- Karl Dönitz, grand-amiral de l'Allemagne nazie, est relaxé en 1956 après avoir purgé sa peine de 10 ans. Deux ans plus tard, il publie ses mémoires et décède en 1980 d'une attaque cardiaque ;
- Albert Speer, libéré en 1966, écrit plusieurs ouvrages constituant une riche mine d'informations sur les personnalités et le fonctionnement du IIIe Reich. Il décède en 1981 ;
- Baldur von Schirach, chef des Jeunesses hitlériennes, est également libéré en 1966. Malade, il se retire pour finir ses jours dans le sud-ouest de l'Allemagne où il décède en 1974 ;
- Rudolf Hess meurt en prison en 1987, à l'âge de 93 ans. Il se pend dans sa cellule, mais son suicide est contesté par sa famille qui croit à un assassinat. Cette thèse est aussi soutenue par les groupes néonazis qui voient en lui un martyr. Chaque année depuis sa mort, des groupes extrémistes organisent une marche pour sa mémoire dans la ville de Wunsiedel.

Mondialement médiatisé, le procès de Nuremberg voit plusieurs voix s'élever pour critiquer sa légitimité. Les Soviétiques et les communistes français s'indignent de l'acquittement de trois des dignitaires nazis, alors que les partis conservateurs anglo-saxons critiquent la dureté du verdict. Mais c'est sur le plan idéologique que les griefs sont les plus vifs. On reproche aux grandes puissances qui ont organisé le procès d'avoir voulu se venger, et le fait qu'aucun Allemand ne participe aux audiences est très mal perçu. L'historien allemand, Rudolf von Thadden (né en 1932) insiste notamment sur le fait que certains Allemands ont résisté à Hitler et se sont eux aussi trouvés enfermés dans les camps de concentration. Or leur voix n'a pas été entendue.

RÉPERCUSSIONS

VERS UNE JURIDICTION INTERNATIONALE

De nombreux procès visant à punir les crimes nazis suivent celui de Nuremberg. L'un, en particulier, en découle directement. Il s'agit de celui d'Adolf Eichmann (1906-1962), haut fonctionnaire du IIIe Reich capturé par Israël en Argentine, qui est jugé par le jeune État hébreu en avril 1961. Par sa médiatisation et la définition des chefs d'accusation, ce procès rappelle incontestablement celui de Nuremberg. En outre, la participation d'Eichmann dans la réalisation de la solution finale (le génocide juif) a été découverte lors des audiences présidées par Lawrence. L'objectif du procès était de donner à l'extermination des Juifs une dimension humaine afin de permettre aux spectateurs de s'identifier au peuple déporté, ce que Nuremberg n'a pas réussi à faire. L'accusé est finalement condamné à la pendaison et est exécuté le 31 mai 1962.

Le procès de Nuremberg et celui d'Eichmann deviennent, dans les années suivantes, une véritable source d'inspiration pour les procès du même genre. Le 25 mai 1993, le Conseil de sécurité de l'ONU crée ainsi un tribunal international à La Haye afin de juger les crimes commis en ex-Yougoslavie. Il s'agit là d'un pas en avant vers la création d'une juridiction permanente, à l'instar du tribunal d'Arusha (Tanzanie), chargé de statuer sur les atrocités perpétrées au Rwanda en 1994. Réclamée depuis des décennies, la mise en place de la Cour pénale internationale intervient à la fin des années quatre-vingt-dix. Cependant, si son statut est bien signé le 17 juillet 1998, la création de la Cour est officiellement datée du 1er juillet 2002.

DÉFINIR LE CRIME CONTRE L'HUMANITÉ

Le concept de crime contre l'humanité apparaît pour la première fois lors du procès de Nuremberg et s'inscrit dans un contexte précis. Depuis l'article 7 du Statut de Rome (1998) de la Cour pénale internationale, il revêt toutefois un sens plus large et est défini comme suit : « Violation délibérée [...] des droits fondamentaux d'un individu ou d'un groupe d'individus inspirée par des motifs politiques, philosophiques, radicaux ou religieux. » (FELDMAN (Jean-Philippe), *Dictionnaire de la culture juridique*, Paris, PUF, 2003) Notons que lors du procès de Nuremberg, le génocide juif n'est pas juridiquement considéré comme un crime contre l'humanité, le lien entre guerre d'agression et persécution envers ce groupe religieux n'étant pas établi. Preuve que ce concept a évolué dans la seconde moitié du XXᵉ siècle, Klaus Barbie (policier allemand, 1913-1991), surnommé le « boucher de Lyon », comparaît devant la Cour d'assises du Rhône en 1987 sous le chef d'inculpation de crime contre l'humanité en raison de sa responsabilité dans la déportation des Juifs en France.

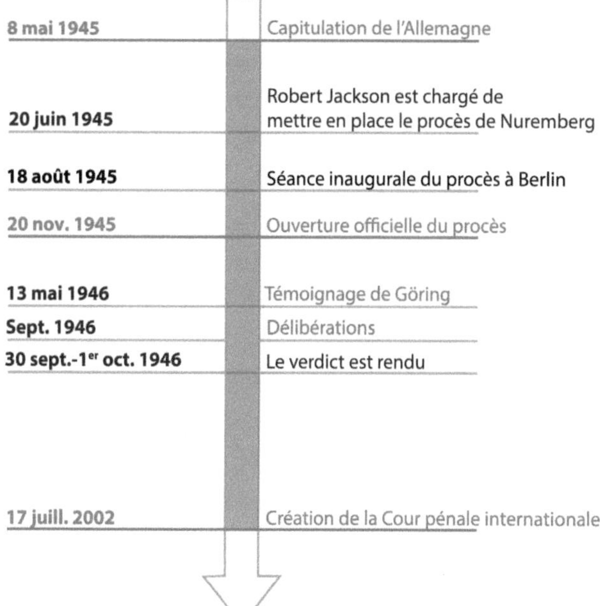

- Alors que la Seconde Guerre mondiale fait toujours rage, les Alliés expriment l'idée que l'Allemagne nazie doit être sanctionnée pour les horreurs commises. Sortis victorieux du conflit, les Alliés mettent en place un tribunal militaire international afin de juger les dirigeants du IIIe Reich.

- Le 20 juin 1945, le juge de la Cour suprême Robert Jackson est chargé par le président américain Harry S. Truman de se rendre en Europe et d'organiser, avec les nations alliées (Grande-Bretagne, URSS et France), ce procès qui se déroulera dans la ville de Nuremberg, ancien bastion du régime nazi.

- La liste définitive des accusés est établie le 18 août 1945, jour de la séance inaugurale du procès à Berlin. Elle contient les noms de 24 hauts responsables nazis et de huit organisations du IIIᵉ Reich. Parmi eux, trois accusés ne sont pas présents lors du procès : Martin Bormann est en fuite, Gustav Krupp est déclaré médicalement inapte et Robert Ley s'est suicidé dans sa cellule peu de temps auparavant.

- Le procès s'ouvre officiellement le 20 novembre 1945 à Nuremberg par la lecture des chefs d'accusation : complots, crimes contre la paix, crimes de guerre et crimes contre l'humanité. Les accusés plaident tous non coupables.

- Pendant plusieurs mois, l'accusation et la défense apportent tour à tour leurs preuves et font venir leurs témoins respectifs à la barre pour corroborer les preuves. En tout, 94 témoins se succèdent en l'espace de dix mois.

- Le 13 mai 1946, la parole est à la défense, et Göring est le premier à témoigner. Pendant huit jours, il charme l'auditoire et se moque ouvertement du procureur général Jackson, tout en réaffirmant son appartenance à l'idéologie nationale-socialiste. L'autre intervention marquante est celle d'Albert Speer. Au contraire de Göring, l'architecte officiel du IIIᵉ Reich réalise son autocritique, remportant ainsi la clémence du jury.

- Le procès de Nuremberg révèle de nombreuses informations concernant la machination nazie en matière d'extermination des populations. Certaines zones d'ombre quant aux actions soviétiques pendant la guerre sont également pointées du doigt. Même si le rôle joué par l'URSS dans le massacre de Katyn reste flou, le pacte secret signé avec l'Allemagne d'Hitler, prévoyant le partage des régions annexées, est révélé.

- À partir de septembre 1946, les juges délibèrent. Le verdict est rendu le 30 septembre et le 1ᵉʳ octobre. Sur les 24 accusés, 12 sont condamnés à mort, dont Martin Bormann par contumace, sept à des peines de prison et trois sont acquittés. De plus, quatre des huit organisations jugées sont déclarées criminelles (le NSDAP, la SS, le SD et la Gestapo).

- Le procès de Nuremberg essuie de nombreuses critiques, mais il est le premier exemple de juridiction internationale et mènera à la création de la Cour pénale internationale. Le verdict permettra également de définir juridiquement les notions de crimes contre la paix et contre l'humanité.

POUR ALLER PLUS LOIN

SOURCES BIBLIOGRAPHIQUES

- CASAMAYOR, *Nuremberg, 1945. La guerre en procès*, Paris, Stock, 1985.
- DELPA (François), *Nuremberg. Face à l'histoire*, Paris, l'Archipel, 2006.
- FEST (Joachim), *Speer. The Final Verdict*, Boston, Harcourt, 1999.
- FONTETTE DE (François), *Le procès de Nuremberg*, Paris, PUF, 1996.
- GARAPON (Antoine), *Des crimes qu'on ne peut ni punir, ni pardonner*, Paris, Odile Jacob, 2002.
- GILBERT (Gustave), *Le journal de Nuremberg*, Paris, Flammarion, 1947.
- GOLDENSOHN (Leon), *Les entretiens de Nuremberg*, Paris, Flammarion, 2005.
- MERLE (Marcel), *Le procès de Nuremberg et le châtiment des criminels de guerre*, Paris, A. Pedone, 1949.
- SERENY (Gitta), *Au fond des ténèbres*, Paris, Denoël, 2007.
- VARAUT (Jean-Marc), *Le procès de Nuremberg*, Paris, Perrin, 1992.
- WIEVIORKA (Annette), *Le procès de Nuremberg*, Caen, Éditions du Mémorial de Caen, 2005.

SOURCES COMPLÉMENTAIRES

- DELAGE (Christian), *La vérité par l'image*, Paris, Denoël, 2006.
- HAZAN (Pierre), *La justice face à la guerre*, Paris, Stock, 2000.
- KEMPNER (Robert), *Le IIIe Reich en procès*, Bruxelles, Casterman, 1972.
- SERENY (Gitta), *Albert Speer, His Battle With Truth*, Santa Cruz, Peter Dimock, 1996.

SOURCES ICONOGRAPHIQUES

- Les accusés. La photo reproduite est réputée libre de droits.
- Göring au procès. La photo reproduite est réputée libre de droits.

FILMS ET DOCUMENTAIRES

- *Jugement à Nuremberg*, film de Stanley Kramer, avec Spencer Tracy, Burt Lancaster et Marlene Dietrich, États-Unis, 1961.
- *De Nuremberg à Nuremberg,* documentaire de Frédéric Rossif, France, 1989.
- *Nuremberg*, téléfilm d'Yves Simoneau, avec Alec Baldwin, Christopher Plumer et Jil Hennessy, États-Unis/Canada, 2000.
- *Nuremberg, les nazis face à leurs crimes*, documentaire de Christian Delage, France, 2006.

www.50minutes.com

Éditeur responsable : Lemaitre Publishing
Rue Lemaitre 6 | BE-5000 Namur
info@lemaitre-editions.com

ISBN ebook : 978-2-8062-5974-5
ISBN papier : 978-2-8062-5975-2
Dépôt légal : D/2015/12603/149
Photo de couverture : réputée libre de droits.

Conception numérique : Primento,
le partenaire numérique des éditeurs